AF206908

Widmung

Dieses Buch sei denen gewidmet die es lesen, in der Hoffnung, dass der Mensch seine Rechte erkennt und dafür einsteht.

Wolfgang Fries

Menschenrechte und Pflichten - revidiert

Impressum

Urheberrechte

Buchgestaltung und Satz:
Wolfgang Fries, Talbrückstr. 2, 66629 Freisen
Kontakt: Friesway@online.de

Herstellung und Verlag:
BoD - Books on Demand
In de Tarpen 42
22848 Norderstedt
Deutschland

ISBN: 978-3-7460-1913-0
1. Auflage 2017;
© 2017 für den Inhalt: Wolfgang Fries
© 2017 für den Druck: BoD - Books on Demand GmbH, Norderstedt

Bibliografische Information der Deutschen Nationalbibliothek
Die Deutsche Nationalbibliothek verzeichnet diese Publikation in der Deutschen Nationalbibliografie; detaillierte bibliografische Daten sind im Internet über http://dnb.d-nb.de abrufbar.

Wichtiger Hinweis:

Achte beim Lesen dieses Textes darauf, dass Wörter die du nicht verstehst, nicht einfach übergangen werden. Wenn man einen Satz oder Text nicht versteht, gibt es ein Wort oder Wörter die man nicht verstanden hat, oder man hat eine falsche Definition für das Wort. Im Glossar* auf Seite 27 werden die in diesem Text mit einem Asterisken (*) markierten Wörter erklärt, es sind aber jeweils nur die Definitionen der Wörter wie sie im entsprechenden Satz verwendet werden – Wörter haben oft mehrere Definitionen, um vollständiges Verstehen über ein Wort zu erreichen, sollte es in einem guten Wörterbuch nachgeschlagen werden.

Inhalt

Vorwort

Das Wort Recht findet seine Wurzeln im indogermanischen* reg-, „aufrichten, gerade richten". Recht soll also dazu dienen, den Menschen zu richtigem Handeln zu führen, es soll dazu führen, dass die Menschen untereinander zurechtkommen und soll die Befugnisse* vom Staat zum Bürger und vom Bürger zum Staat regeln, oder sogar von Staat zu Staat. Die Menschenrechte sollen gewährleisten, dass der Mensch leben kann!

1948 erließ die Generalversammlung der Vereinten Nationen die „Allgemeine Erklärung der Menschenrechte". Nun, ich bin nicht so ganz mit diesem Dekret* einverstanden, und da wir ein Recht auf freie Meinungsäußerung haben, habe ich meine Ansichten dazu aufgeschrieben.

Jegliche Information die man erhält und in sein persönliches Gedankengebäude einfügt, führt dazu, seinen Gesichtspunkt zu erweitern. Mögen Informationen nicht ganz so gut oder genau sein oder sogar verkehrt, so kann man sogar seinen eigenen Standpunkt dadurch festigen, in dem man die falsche Information erkennt und für sich feststellt, was man besser machen kann. Durch einen regen Gedankenaustausch kann man dazu beitragen, dass bessere Prinzipien gefunden werden, die zu einem besseren Dasein führen.

Jegliches Staats-, Rechtssystem oder Religionssystem welches die Vernunft und Entscheidungsfreiheit des Menschen missachtet und versucht Regeln und Gesetze unter Zwang, Gewalt oder Manipulation durchzusetzen, ohne an die Vernunft und Lernfähigkeit des Menschen zu appellieren, soll verdammt sein! Das Leben selbst hat seine Gesetzmäßigkeiten, und wenn der Mensch gegen diese Gesetzmäßigkeiten verstößt, bestraft er sich selbst. Den Menschen zu zwingen etwas zu tun, was gegen die Gesetzmäßigkeiten des Lebens verstößt, degradiert die Vernunft des Menschen und bewegt den Menschen dazu Dinge heimlich zu tun oder sich seiner Verantwortung zu entziehen um somit der Bestrafung des Gesetzes zu entgehen. Es bringt den Menschen nicht dazu, sich zu seiner Tat zu bekennen und selbst an sich zu arbeiten um eine andere Geisteshaltung einzunehmen.

Wenn sich der Mensch den Gesetzmäßigkeiten des Daseins wirklich bewusst wäre, würde er für diese einstehen und dafür sorgen, dass auch seine Mitmenschen dafür einstehen, denn dies nicht zu tun führt zu Gesetzen und Strafen und zu einer Welt in der der Mensch es sehr schwer haben wird wirklich Glücklich zu sein. Kein Gesetz der Welt hat den Menschen je zu einem besseren Menschen gemacht, aber seine Fähigkeit zu lernen und seine Vernunft schon! Jegliches Bildungssystem, dass die Vernunft und Lernfähigkeit des Menschen nicht fördert, und die Gesetzmäßigkeiten des Lebens nicht lehrt, soll verdammt sein! Denn des Menschen Vernunft und seine Lernfähigkeit, sowie die Gesetzmäßigkeiten des Lebens sind der einzige Garant dafür, dass der Mensch menschenwürdig leben kann!

Menschenrechte und Pflichten – revidiert*

Nun, aus welchem Bewusstsein, aus welchem Kenntnisstand, aus welchem Zeit-geist* heraus schreibt man? Wenn man über etwas schreibt, sollte man darüber etwas wissen, man sollte Erfahrung gemacht haben und selbst festgestellt haben, wie die Dinge sind. Es nutzt keinem etwas, wenn man alte Theorien die noch nie etwas gebracht haben, mit neuen anderen Theorien die noch nichts gebracht ha-ben, in einen Topf wirft, neu aufkocht und dann meint, man hätte nun ein heilendes Wunderwerk erschaffen.

Wenn man etwas über Rechte des Menschen schreibt, sollte man etwas über den Menschen wissen. Weiterhin sollte man Rahmenbedingungen darstellen, in welchen man Menschenrechte umsetzt. Rechte ändern sich wenn sich die Rah-menbedingungen ändern. In einer barbarischen Umgebung* wird man Rechte und Pflichten anders formulieren, wie in einer durch Maschinen, Computer, Wissen-schaft und Geld beherrschten Zivilisation.

Der Barbar wird sich um keinerlei Rechte und Pflichten scheren, er wird sich einfach das nehmen was er zum Leben braucht, oder was ihm gefällt und es gibt keine Pflichten denen er nachzugehen hat. Er kann dies nur aus dem Grund tun, wenn er stärker ist als der andere - es gibt da nicht viel Unterschied zum Tierreich! Barbarentum wird immer Krieg mit sich bringen, es wird nie Ruhe und Frieden ge-ben, das eigene Leben ist jeden Tag gefährdet.

Glaub nicht, dass unsere heutige „Zivilisation" weit von Barbarei entfernt ist. Ob man nun durch rohe Kraft zu etwas gezwungen wird oder durch finanzielle Notla-ge/Unterlegenheit, macht in der finalen Analyse keinen Unterschied - man muss sich der größeren Macht beugen! So hat auch der Staat durch seine Gesetze und Polizei Macht über dich und kann dich zu einem bestimmten Verhalten zwingen oder bestrafen und einsperren, wenn du es nicht tust. Die Frage die sich bezüglich den Gesetzen stellt ist, ob diese richtig oder falsch sind im Hinblick auf die Existenz des Einzelnen und die Funktionsfähigkeit des Staates, oder ob nur versucht wird das Individuum im Staat zu unterdrücken.

Der Sozialismus/Kommunismus wurde verworfen, weil er dem Einzelnen Eigen-tum verwehrte und das Wohl der Gruppe über das Wohl des Einzelnen stellte, es wurde nicht beachtet, dass das Wohlergehen des Einzelnen letztendlich auch das Wohlergehen der Gruppe oder des Staates bedeutete. Heute, in unserer Demokra-tie sind wir genau auf diesem Weg, die Masse der Menschen haben zu wenig Geld um sich Eigentum zu leisten und werden durch finanziellen Druck dazu gezwungen ständig eine Arbeit zu verrichten die letzten Endes dem Staat Steuereinnahmen bringen, also irgendwie dem Wohl der Gruppe Sorge leisten.

Eine Regierung sollte ein Volk regieren, genau das, was das Wort regieren be-sagt. Regieren bedeutet nicht eine Vielzahl Gesetze zu erlassen, die keiner mehr kennt und sich hinzusetzen und abzuwarten, wie die allgemeine Entwicklung im Land von statten geht. Das Wohlergehen eines Landes und seiner Bevölkerung bedarf aktiver Maßnahmen, es bedarf Handlungen die die Existenz und das Glücklichsein des Einzelnen innerhalb der Gesellschaft gewährleisten, so dass aus den einzelnen Teilen eine gut funktionierende Gesamt-Unternehmung wird.

Recht auf körperliche Unversehrtheit und körperliche Wohlfahrt – Die Regierungen der Welt mit ihren Staatsbürgern sollten im 21ten Jahrhundert in der Lage sein körperliche Unversehrtheit und körperliche Wohlfahrt zu gewährleisten. Jedem Menschen sollte in dieser Zivilisation die Befriedigung der Grundbedürfnisse des Daseins zuteilsein, sei es Schutz gegen Witterungseinflüsse, Nahrung* oder einem durchschnittlichen Lebensstandard in einem angemessenen Umfang wie es in Mitteleuropa zu beobachten ist.

Medizinische Versorgung als Teil der Grundbedürfnisse sollten jedem zur Verfügung stehen, ungeachtet monetärer Mittel – Medizin sollte kein gewinnorientierter Wirtschaftszweig sein, in dem für Medikamente und Hilfsmittel ein kleines Vermögen verlangt wird!

Recht auf geistige Unversehrtheit und geistige Wohlfahrt – hat mit den Gedanken und der emotionalen Verfassung des Menschen zu tun. Eine Umgebung, die dem Menschen Existenz-Ängste oder drohenden Verlust vermittelt, sei es durch einen unsicheren Arbeitsplatz oder planlose politische Führung, lässt das emotionale Niveau der Person absinken.

Stress, also mentaler Druck wird selbst in der Medizin oft als Krankheitsursache angegeben. Es ist gedanklicher Druck, der dem Menschen Sorge bereitet etwas nicht zu schaffen oder etwas zu verlieren. Im Berufsleben wird oft Zeit oder Geld knapp gehalten und es ist aus diesen Gründen nicht möglich vernünftige Arbeit zu verrichten. So wird die berufliche Belastung in das familiäre Dasein weitergetragen um auch dort die allgemeine Situation anzuspannen, was wiederum zur Sorge führt dem familiären Dasein nicht gerecht zu werden und auch dieses zu verlieren.

Eine sichere und verständnisvolle Umgebung verleiht dem Menschen ein Gefühl der Sicherheit, was mentalen Druck reduziert. Auch hat der Mensch selbst kein ausreichendes Wissen und keine ausreichende Mittel um mentalem Druck zu begegnen. Es bedarf einer entsprechenden Umgebung, Richtlinien und Handlungsweisen um geistige Unversehrtheit und geistige Wohlfahrt zu gewährleisten, denn es sind die Gedanken die zur Tat führen und eine hektische und ungerechte Welt führt keineswegs zu einer entspannten und besonnen Lebensweise.

Recht auf Bildung – Bildung umreißt den geistigen Rahmen mit dem der Einzelne in der Lage ist ein Leben zu führen. Somit tut Bildung genau das: Sie gibt dem Einzelnen eine geistige Grundlagen und Prinzipien um im Rahmen der in diesem Schriftstück dargestellten Paragraphen ein glückliches Leben zu führen. Bildung sollte dafür Sorge tragen, dass der Mensch die Probleme des Daseins gut analysieren kann um letztendlich eine vernünftige Entscheidung zu fällen – was moderne Schulbildung keineswegs tut. Bildung soll zu Verstehen führen, damit der Mensch versteht was er tut und warum er es tut.

So sollte Bildung dem Menschen Freude bereiten, da er nun mehr weiß und versteht, und sich besser helfen kann. Es sollte nicht so sein, dass der Mensch in den Bildungseinrichtungen mit einem Haufen Kram vollgestopft wird, nichts damit anfangen kann und kurz vor der Abschlussprüfung vor einem Nervenzusammenbruch steht, weil er denkt, dass er den Stoff nicht so wiedergeben kann wie es von ihm verlangt wird, er Existenzängste hat, wenn er die Prüfung nicht besteht.

Recht auf Wahrheit und Transparenz – jeder hat das Recht auf eigene Meinung und jeder kann seine eigene Meinung kundtun aber ohne den anderen durch herabwürdigende Weise zu ärgern, zu schmähen oder zu verletzen. Tatbestände* werden offen, vollständig, wahrheitsgetreu, verständlich und sachkundig dargestellt ohne in aufreißerischer Manier* Aufmerksamkeit zu erzielen und die Gemüter zu erhitzen. Man sollte selbst bestrebt sein, sich an die Wahrheit zu halten.

Informationen sollten wertvoll sein und nicht der Volksverdummung und Manipulation* dienen, wie es derzeit in den Medien geschieht. Mitzuteilen, dass irgendwo in der Welt irgendetwas Schlimmes passiert ist, schüchtert nur den Menschen ein und macht ihn unsicher. Wertvolle Information hilft dem Menschen seinen Alltag besser zu bewältigen und Probleme zu lösen und nicht um ihn zu unterhalten und die Langeweile zu besiegen.

Jede Information sollte in verständlicher Form dargestellt werden, so dass sie mit einfacher Allgemeinbildung wie sie bis zum neunten Schuljahr vermittelt wird, verstanden werden kann. Jeder der Information in verschlüsselter Form, sei es durch einen verschachtelnden Satzbau oder komplizierte Wortwahl, darstellt, will entweder den Menschen unterdrücken oder eine Lüge erzählen. Den Menschen seiner Freiheit zu berauben beginnt damit, dass er sich selbst und seine Umgebung nicht versteht. Nur der Mensch der versteht kann frei sein.

Recht auf ein zivilisiertes Zusammensein – Man sollte seine Mitmenschen so behandeln wie man selbst behandelt werden möchte. Wenn man seine Mitmenschen durch die Art der Behandlung verstimmt wird man Missmut ernten und eine Umgebung ins Leben rufen in der sich keine Freude entwickeln kann. Man sollte versuchen seinem Mitmenschen Freiraum zu gewähren, dass er so sein kann wie er ist – keiner mag ständig bevormundet werden.

Recht auf eine geistig gesunde Regierung – eine Regierung ist kein Kasperle-Theater*. Die Mitglieder einer Regierung bestehen aus intelligenten und vernünftigen Sachverständigen. Keiner kann von einem Nicht-Sachverständigen verlangen eine Entscheidung zum Lösen eines Problems zu fällen in dem Sachverstand gefordert ist. Ebenso kann von keinem Bürger verlangt werden, qualifiziertes Personal für eine Regierung zu bestimmen. Eine Person muss sich für einen Job qualifizieren bevor sie eingesetzt wird.

Eine geistig gesunde Regierung kümmert sich um das Managen eines Landes, sie kümmert sich darum, dass genügend Projekte existieren um dem Menschen Arbeit zu geben. Sie kümmert sich darum, dass sich die Zustände im Land verbessern. Eine Regierung erlässt Gesetze, um ein Dasein zu etablieren in dem es ein ausgewogenes Verhältnis von Freiheiten und Barrieren gibt, das dem Menschen ermöglicht ohne größere Blessuren miteinander zu Recht zu kommen. Sie erlässt Gesetze um Dinge zu ermöglichen und nicht wegen noch weiterer Auflagen und Kompliziertheiten positive Unternehmungen zu Nichte zu machen!

Solange Regierungen nur reden und nichts tun, keine effektiven Förderprogramme für das Land in die Tat umsetzen, von Wohlstand reden und große Teile der Bevölkerung verarmen*, Geld* nicht verstehen und sich gegenseitig bekriegen, kann man nicht von geistig gesunden Regierungen reden!

In einer Regierung wird nicht um Geld gefeilscht, eine Regierung regiert das Geld und es wird jegliche Maßnahme ergriffen um anstehende Probleme schnell zu lösen – es wird nicht debattiert. Eine Regierung sollte seinen Bürgern ein Gefühl der Sicherheit geben, damit diese zeigt, dass sie sich um die Belange der Bürger kümmert und durch ihr Handeln Funktionstüchtigkeit demonstriert.

Die Existenz einer Regierung ist nur durch die Bürger gerechtfertigt, ansonsten gibt es keinerlei Grund für eine Regierung. Eine Regierung hat alle Macht im Staat und sollte diese uneigennützig aber für das Regieren des Landes und Wohl des Volkes einsetzen.

Recht auf eine geistig gesunde Menschheit – Nun, der Verstand des Menschen ist verseucht durch Religionen, Ideologien*, Schulbildung, Gesetze, Vorurteile und falsche Vorstellungen über richtig und falsch.

Geistige Gesundheit hat im Wesentlichen zwei Faktoren* (a) grundlegendes Verstehen über richtig und falsch, (b) Handlungsfreiheit. Handlungsfreiheit bedeutet, dass der Mensch nicht zwanghaft handelt. Schau, Kriege, religiöser Wahn oder sonstige Verbrechen, weiterhin zu krankhafter Eifersucht, Gier oder sonstigen Zwängen und Ängsten haben genau die Inversion* dieser beiden Faktoren als Grundlage.

Jeder Mensch sollte sich dazu verpflichtet fühlen sich grundlegendes Verstehen über richtig und falsch zu verschaffen und Maßnahmen in die Wege leiten seine Handlungsfreiheit zu vergrößern, denn nur so kann es eine geistig gesunde Menschheit geben. Geistige Gesundheit beinhaltet weiterhin, dass man über sein volles Bewusstsein verfügt um verantwortlich handeln zu können.

Fehlgeleitete psychische Praktiken die den Menschen nicht zu einem selbstbestimmten und selbst-verantwortlichen Handeln führen, sind der Weg in den Abgrund und machen den Menschen zu einer Marionette der behandelnden „Therapeuten" – sei es nun die Psychologie, Psychiatrie oder der Schamane mit seinem Tanz, Orakel*, Kristallkugeln, Astrologie, Tarot-Karten*, usw..

Psychotrope Substanzen, also Bewusstseins verändernde Mittel wie Drogen, Alkohol, Medikament mindern die Zurechnungsfähigkeit und können nach Einnahme in größeren Mengen eine Gefahr für die Person oder die Umgebung darstellen. Psychotrope Substanzen sollten nur zur Abwendung größeren Unbehagens eingesetzt werden und auch nur in einer abgeschirmten Umgebung. Der Mensch kann nur angemessen handeln und reagieren wenn er im Vollbesitz seiner geistigen Kräfte ist.

Es zeigt sich auch, dass starke Emotionen vernünftiges Handeln vereiteln. Geistig gesund zu sein bedeutet, dass man in der Lage ist, seine Emotionen im Griff zu halten um nicht durch emotionales, unüberlegtes Handeln Schaden zu verursachen. Der Mensch sollte lernen mit Emotionen umzugehen.

Geistige Gesundheit hat viel damit zu tun, dass man zwischen Vergangenheit und Gegenwart unterscheidet und sich von der Vergangenheit lösen kann! Einst gemachte Erfahrung scheint den Menschen in der Vergangenheit festzuhalten und sein Urteilsvermögen einzutrüben: was gestern schlecht war, ist auch heute nicht gut! Wenn jemand irgendwann einen Fehler gemacht hat, wird ihm dieser Fehler auch nach Jahren noch vorgehalten und er wird daran verurteilt – oft bekommt man keine zweite Chance, obwohl man aus dem Fehler gelernt hat, ihn bereut und ihn nun sicherlich nicht mehr tun wird! Jedoch, es gibt auch diejenigen mit fixiertem Verhalten, diese machen den gleichen Fehler immer wieder – keine Handlungsfreiheit!

Gesunder Menschenverstand ist: sorgfältiges Beobachten, richtiges Entscheiden und entsprechendes Handeln. Eine Einstellung wie: „Geht mich nichts an." „Ist mir egal.", „Kann man nichts dran machen.", zeugt von Ignoranz und keiner Verantwortung – es ist Unvernunft, es ist geisteskrank, es ist der Weg in den Abgrund!

Recht auf ein bezahlbares Leben – Es muss ein eindeutiges Verhältnis geben zwischen Einnahmen und Ausgaben. Kann man aufgrund geringer Einnahmen seine Ausgaben nicht decken, so kann man kein selbständiges Leben führen.

Da aufgrund von Preiskämpfen und Rationalisierungen* immer weniger verdient werden kann, muss eine gesetzliche Regelung her, welche eine maximale Arbeitszeit und ausreichenden Mindestlohn vorschreibt. Ferner müssen Kosten zur Decken der Grundbedürfnisse im Dasein angemessen zum Einkommen des Mindestlohns stehen, es kann also nicht sein, dass Mieten höher und höher geschraubt werden, nur um des Menschen Gier zu befriedigen.

Recht auf einen Platz zum Leben – Der Mensch hat ein Recht auf ein Zuhause. Er ist nun mal hier und will leben. Es ist zu beachten, dass Sorge getragen wird, in welchem Umfeld sich der Mensch bewegt. Es gibt noch immer Rassenunruhen welche auf mangelnde Toleranz schließen. Um Streit vorzubeugen sollte man sich in einer Umgebung ansiedeln, in der entweder hohe Toleranz anzutreffen ist, oder es keine allzu großen Unterschiede von Mensch zu Mensch gibt, sei es nun im Aussehen oder der geistigen Ausrichtung. Und es muss die Möglichkeit geben, dass sich Menschen zu einer Gemeinschaft zusammenschließen und ihr eigenes Land mit ihren eigenen Gesetzen haben können!

Recht auf Arbeit – Arbeit ist nicht nur eine Tätigkeit die dazu dient sich seinen Lebensunterhalt zu verdienen. Einige mögen Jammern, wie schön die Welt doch ohne Arbeit wäre und man lieber in Urlaub fährt. Aber keine Arbeit zu haben, die der Person eine Ausrichtung und einen geordneten Tagesablauf gibt, wird die Person depressiv* machen. Es gibt wahrscheinlich nichts schlimmeres, als sich nutzlos zu fühlen und keinerlei Ziel vor Augen zu haben – oft kann man beobachten, dass der gerade pensionierte Mensch stirbt oder sich gehen lässt, Langzeitarbeitslose zeigen sich frustriert und demoralisiert.

Sich einer Aufgabe zu stellen gibt der Person den Schwung die Aufgabe zu erledigen und den Schwung im Leben etwas zu tun. Somit ist Arbeit eine therapeutische Maßnahme um die Moral eines Volkes hoch zu halten. Der Mensch selbst möchte für das Leben, für die allgemeine Existenz etwas tun und die Leute die tatsächlich einer sinnvollen Tätigkeit nachgehen sind mit hoher Zufriedenheit erfüllt, es ist schön, ein Gefühl zu haben dem anderen zu helfen und festzustellen, dass durch eine Tätigkeit sich Dinge verbessern und das Leben bereichern.

Eine Regierung sollte die Kraft des Volkes sinnvoll ausrichten, Projekte starten und dem Bürger Arbeit geben, um das eigene Land zu entwickeln und in Schuss zu halten!

Recht auf Glücklichsein – Die Person ist glücklich, wenn ihrem Willen keine unüberwindbaren Barrieren entgegenstehen, dass sie also etwas haben will und dann bekommt oder etwas loswerden will und es dann loswird, sie möchte auch nicht, dass ihr einfach etwas genommen oder aufgezwungen wird.

Nun, eingegangene Verpflichtungen muss man Erfüllen, sein Wort sollte man halten. Und was Glücklichsein anbelangt gibt es oft zwei Seiten, wobei die andere Seite nicht oder vielleicht schwer zu beeinflussen ist. Unglück hat oft damit zu tun, dass die Person mental etwas nicht aufgeben kann, die Sache ist als Gedanke in ihrem Kopf und sie wird den Gedanken nicht los oder sie ist unfähig den einen Gedanken mit einem anderen Gedanken auszutauschen – dies wäre die persönliche Angelegenheit des Individuums, welcher man durch mentale Prozesse angemessen entgegnen kann.

Jedoch gibt es extrinsische* Faktoren, also Faktoren von außen, welche auf das Glücklichsein der Person Einfluss nehmen. Der Staat kann durch seine Gesetzgebung zusichern, dass einem die Existenz innerhalb einer Gesellschaft unter Einhaltung bestimmter Regeln zusteht. Die Gesetze des Staates sind in der Regel so ausgelegt, dass innerhalb der Gesellschaft Frieden herrschen soll, womit der Staat schon ein Teil zum Glücklichsein seiner Bürger beiträgt.

Im Staat sollten die Gesetze so beschaffen sein, dass der Bürger innerhalb des Staates seinen Willen umsetzen kann, und die Gesetze sollten nicht der Art sein, dass sie eine unüberwindbare Barriere darstellen – man kann Dinge einfach oder kompliziert gestalten. Um glücklich zu sein bedarf es hauptsächlich theoretischer Grundlagen welche durch die Person angewendet werden können und diese Grundlagen sollten ausgearbeitet und jedem bekannt sein – man muss selbst an seinem Glück arbeiten.

Glücklich im Leben zu sein ist die höchste Garantie, die man haben kann um zu gewährleisten, dass der Mensch Freude am Dasein empfindet. Ein Mensch der unglücklich ist und keine Freude am Dasein empfindet, ist nicht nur ein Risiko für sich selbst, sondern auch für die Gesellschaft – wer würde hingehen und die Dinge zerstören oder nachlässig mit ihnen umgehen, die sein Glück bedeuten?

Recht auf Familie – Was wäre ein Kind ohne den Schutz seiner Eltern? Die Familie ist der Hauptbestandteil einer Nation sogar der gesamten Menschheit, ohne die Familie ist es nicht möglich eine funktionierende Gesellschaft zu errichten. So hat jeder Mensch einen von Natur aus gegebenen Impuls zur Fortpflanzung, es ist ein großer Teil im Gefühlsleben des Menschen, der Mensch fällt ein Großteil seiner Entscheidungen aus seinem Gefühlsleben heraus.

Wird dem Menschen eine Befriedigung seines Gefühlslebens untersagt, so wird er unzufrieden und kann zu Taten fern jeglicher Vernunft schreiten. Die Familie selbst soll gefördert sein, damit das Leben selbst durch Kinder und Kindeskinder weiterleben kann. Die Regierung eines Landes sollte ein Augenmerk auf die Funktionsfähigkeit der Familie legen, damit eine Familie ungeachtet wirtschaftlichen und zeitlichen Drucks bestehen kann.

Recht auf eine Gruppe - Das Individuum möchte aktiv sein und Kontakt zu seinen Mitmenschen haben. Eine Gruppe ist eine Interessengemeinschaft, welche dem Menschen zur Unterhaltung und Lösung gemeinschaftlicher Probleme dient. Das Berufsleben ist oft eine Gruppenaktivität. Menschen die in einer Gruppe organisiert sind, sind wesentlich effektiver als die Einzelperson. Ohne die gemeinsame Anstrengung in einer Gruppe, ist eine Nation nicht zu regieren. Eine Gruppe stärkt den Einzelnen, da er sich der Gruppe hinter sich wähnt.

Was wäre der Mensch ohne eine Gruppe in der er Freundschaft haben kann? Viele Dinge lassen sich alleine nicht bewältigen und wie wertvoll ist dann eine helfende Hand oder wenn Dinge als Gemeinschaft angepackt werden. Wie viel Freude kann man mehr haben wenn man in einer gleichgesonnen Gemeinschaft aktiv ist, als dass man sich in seinen vier Wänden einsperrt.

Recht auf die Menschheit – Der Mensch ist auf allen Kontinenten des Planeten anzutreffen. Jeder ist ein Teil von diesem Gesamten, ein Teil der Menschheit. Der Mensch ist untereinander abhängig, es gibt Rohstoffe oder Produkte die aufgrund von Ressourcen, Landschaft oder Wetterverhältnissen nur in einem bestimmten Teil der Welt vorkommen. So kann die Menschheit wie eine Gruppe selbst miteinander wachsen und in gegenseitiger Toleranz sich einander helfen.

Wer fährt nicht mal gerne in ein anderes Land um dort etwas anderes kennenzulernen und Freundschaften zu schließen. Wie viel mehr Spannung und Unterhaltung gibt es wenn der Mensch im sportlichen Wettstreit gegeneinander antritt, sei es im Fußball oder den olympischen Spielen, welche fast jeder am Fernseher verfolgt oder sich sogar an den Ort des Geschehens begibt.

Internationale Verbindungen sollen gefestigt werden, sei es durch Schüleraustausch oder Länder übergreifende Projekte, damit einem der Nachbar nicht fremd erscheint.

Recht auf Tiere und Pflanzen – dies bedeutet nicht, dass sich jeder mit Tier- oder Pflanzenhaltung beschäftigen soll. Es bedeutet aber zumindest, dass Sorge getragen werden muss, die Tier- und Pflanzenwelt zu erhalten, da diese auch das Fortbestehen der Menschheit und der Erde als sein Zuhause gewährleistet.

In einer durch den Menschen gut bevölkerten Welt ist es ein Leichtes ein paar Leute abzustellen, die sich in ihrer Arbeitszeit um die Wohlfahrt der Tier- und

Pflanzenwelt kümmern – und es wird genug Menschen geben, die dies mit Freude und Hingabe tun werden, da sie sich der Wichtigkeit dieser Aufgabe bewusst sind!

Recht auf eine saubere Umwelt – Menschen die sich nicht waschen stinken und sind ein Eldorado* für Krankheitserreger, man sollte darauf bestehen, dass sich die Menschen in der Umgebung sauber halten. Verschmutzung ist der Urvater von Krankheit und Niedergang. Im Mittelalter wurde die Pest durch Ratten verbreitet und raffte Abermillionen dahin. Die Ratten konnten sich aber nur gut verbreiten, weil der Mensch durch das Wegwerfen von Lebensmitteln den Ratten ausreichend Nahrung bereitstellte – Müll muss angemessen entsorgt werden und wertvolle Rohstoffe davon getrennt und wieder recycelt.

Vor dem Erstellen eines Produktes muss überdacht werden, wie die verwendeten Materialien nach Verbrauch des Produktes wieder in den Produktionsprozess eingeführt werden. Es dürfen keine Abfälle entstehen die nicht auf die eine oder andere Art wieder verwendet werden können und selbst nach einer Verbrennung darf keine Asche oder Abgase entstehen die irgendwelchen Schaden verursachen.

Müll ist ein großes Problem der modernen Welt. Es ist nicht so, dass die Mittel zur Beseitigung nicht zur Verfügung stünden, es ist so, dass der Mensch durch seine Handlungsweise, in dem er nicht auf eine saubere Umwelt achtet und diese sogar verschmutzt, selbst zum Niedergang seiner Umwelt beiträgt, der Mensch bringt sich selber um!

Es kann nicht sein, dass man des Geldes wegen auf eine vernünftige Entsorgung von giftigen Abfällen verzichtet, dass giftige Abgase einfach in die Luft geblasen werden. Es kann nicht sein, dass Müll im Meer versenkt wird, dort in die Nahrungskette gelangt, die Natur als solche verseucht um im Anschluss als radioaktiver Fisch auf dem eigenen Teller zu landen. Es kann nicht sein, dass wir Trinkwasser haben, versetzt mit Chlor* und Fluorid oder belastet mit Insektiziden*, Pestiziden, Fungiziden, Herbiziden, weil diese Mittel zur besseren Obst- und Gemüsegewinnung eingesetzt werden und somit auch unsere Nahrungsmittel belastet sind.

Sich nicht um umfassende Sauberkeit zu kümmern, bedeutet dass sich der Mensch selbst seines Lebensraumes und Lebensmittel beraubt, es bedeutet dass er irgendwann kein Zuhause mehr hat wo er leben kann!

Recht auf Schönheit – Die Welt soll dem Menschen gefallen, so dass er gefallen darin findet und sich um sie sorgen mag. Natürlich, Schönheit liegt immer im Auge des Betrachters. Nur ist es so, dass nur ein degradierter Geist gefallen an den Dingen findet die die Mehrzahl der Menschen als hässlich bezeichnet.

Jeder kann für sich selbst zur Schönheit des Daseins beitragen, man tut dies durch körperliche Pflege, hübsche Kleidung und schönen Dingen mit denen man sich umgibt oder im größeren Umfang mit guten Straßen, ansehnlichen Gebäuden und schönen Parks.

Niemand mag in einer grauen und tristen Welt leben, man fühlt sich nicht wohl darin.

Recht auf Ordnung – Ordnung bedeutet, dass man in der Lage ist in seiner Umgebung die Dinge zuzuordnen, so dass man erkennen kann, was die einzelnen Sachen sind und wofür sie gedacht sind. Weiterhin umschließt Ordnung, dass Dinge voneinander getrennt sind und als solche deutlich gekennzeichnet sind – es gefällt keinem, wenn er einen Becher Joghurt ist und plötzlich Schrauben im Mund hat, Schrauben haben im Joghurt nichts verloren!

Ordnung bedeutet weiterhin, dass Dinge einen festgelegten Ablauf haben, und dass die Leute, welche sich in diesem Ablauf befinden, diesen auch kennen – man spricht von einem Reglement, wie z. B. die Steuerung des Straßenverkehrs.

Jede Tätigkeit im Berufsleben bzw. in einer Firma hat einen Ablauf. Der Ablauf sollte niedergeschrieben sein, so dass der Neuling sich durch die Niederschrift einarbeiten kann, bzw. die Möglichkeit besteht, dass wenn die Arbeitskraft ausfällt, einfach auf den gewöhnlichen Arbeitsablauf zurückgegriffen werden kann.

Keine Ordnung zu haben bedeutet im Chaos zu leben. Chaos selbst kostet Zeit, Geld und Nerven! **Ordnung funktioniert nur dann, wenn jeder sie kennt und sich jeder daran hält!**

Recht auf kompetent ausgeführte Arbeit – Des Menschen Dasein wird durch Dienstleistungen und Produkte ermöglicht. Ein Staat kann nur durch gute Dienstleistungen und gute Produkte funktionieren. Es soll so sein, dass der Zweck von den Dienstleistungen und Produkten erfüllt wird, ein Rasenmäher soll gefälligst den Rasen mähen und wenn ich für etwas ausgebildet werde, soll ich auch nach der Ausbildung in der Lage sein die erlernte Tätigkeit wettbewerbsfähig zu verrichten.

Ende des 19ten Jhd. waren Produkte aus Deutschland so schlecht, dass sie mit „Made in Germany" gekennzeichnet werden mussten, damit sich der Verbraucher davor schützen konnte. Die Deutschen haben gelernt, sie haben ihre Arbeitsstandards angehoben, und heute sind Produkte aus Deutschland hoch angesehen und werden im Vergleich zu Produkten anderer Länder bevorzugt.

Tatsächlich ist es so, dass qualitativ hochwertig Arbeit die Existenz des Herstellers fördert – schlechte Produkte kauft man in der Regel nur einmal! Der Arbeitnehmer bringt sich durch das Absenken von Produktions- und Dienstleistungsstandards selbst in Gefahr, da er den Ruf des Unternehmens in Gefahr bringt.

Wenn man für etwas Geld ausgibt soll man auch das bekommen, wofür man Geld ausgegeben hat, es nicht zu bekommen ist Betrug. Einen Betrüger erkennt man daran, dass das nicht gehalten wird, was versprochen wurde.

Man kann für eine funktionierende Umgebung beitragen, indem man gute Arbeit leistet und schlechte Arbeit ablehnt!

Recht auf Rechte – Rechte sollen gewährleisten, dass das Leben in einem physikalischen Universum existieren kann. Leben ist Lebenskraft + Materie. Rechte beschreiben einen Rahmen zur Existenz in welchem Sorge getragen wird, dass durch Barrieren und Freiheiten ein Lebensraum von Ordnung geschaffen wird in dem sich der Einzelne im Vergleich zu seinem Nächsten nicht benachteiligt fühlt und die Symbionten* des Menschen geschützt werden.

Rechte sollten so dargelegt werden, dass sie unmissverständlich von jedem Einzelnen, welcher in einer regulären Schulausbildung Lesen und Schreiben gelernt hat, verstanden werden. Es sollte keines Rechtsbeistandes bedürfen, der die Gesetzes- oder Rechtslage interpretiert um diese besser verstehen zu können. Wenn ein Gesetz schriftlich dargestellt wird, muss es Fallbeispiele dazu geben um ein eindeutiges Verstehen herbeizuführen.

Das Umsetzen von Rechten durch richterliche Hand bedarf umsichtiger Vernunft. Es soll nicht der Eindruck entstehen, dass das Volk durch Rechte gegängelt wird, sondern dass durch die Rechte ein besseres Zusammensein ermöglicht werden soll und jeder in der Gesellschaft sich geschützt sehen kann, wenn er sich an die Richtlinien hält. Richtlinien sollen Schaden vermeiden oder nicht zu Schaden führen, bzw. einen geregelten Ablauf gewährleisten und auch nur dann Anwendung finden, wenn die Entstehung von Schaden droht, oder Abläufe der Regelung bedürfen. Richtlinien ohne Grund umzusetzen ist Unterdrückung! Der Mensch sollte in einen Zustand der Verantwortung und des Verstehens gebracht werden, so dass er Richtlinien vernünftig umsetzt.

Nur wenn man seine Rechte kennt, kann man sie auch beanspruchen!

Recht auf Sicherheit – Die Rechte des Menschen müssen gewährleistet sein, in der Form, dass sie als ein Teil der verfassungsmäßigen Rechte in den Gesetzen des Landes Anwendung finden. Der Bürger selbst muss die Rechte kennen und sie sollten ein Teil der regulären Schulbildung sein.

Sollte es ein Fall geben, in dem von Seiten der Regierung gegen Rechte verstoßen wird, so ist kostenfrei eine anwaltliche Vertretung bereitzustellen. Wird bewiesen, dass die Regierung gegen geltendes Recht verstoßen hat, so wird eine Korrektur veranlasst, im äußersten Fall wird der Verursacher ausgewechselt, falls sich eine Korrektur als fruchtlos erweist.

Verstößt ein Bürger gegen geltendes Recht so wird dieser korrigiert, erweist sich der Bürger als völlig uneinsichtig und stellt eine Gefahr für Leib und Leben von anderen dar, oder gefährdet in großem Maße ein reibungsloses Zusammenleben, so muss er von der Gesellschaft entfernt werden.

Dem Delinquenten* muss die Möglichkeit gegeben werden sich in einem abgegrenzten Bereich zu überdenken, so dass er seine Meinung und Einstellung von selbst ohne körperliche oder geistige Misshandlung ändern kann. Im Moment seines Schuldspruchs werden seine Rechte eingeschränkt, es soll ihm nur noch eingeschränktes Recht auf die Stillung der Grundbedürfnisse des Daseins gewährt werden. Die Entfernung des Delinquenten aus dem öffentlichen Dasein dient zur Sicherheit denjenigen die ihre Rechte und Pflichten beachten.

In einer Zeit von Terror wird der Schrei nach mehr Polizei lauter. Aber was und wie will die Polizei überwachen? Soll diese jedem Einzelnen auf die Finger schauen? Eine undenkbare Aufgabe! Die Polizei kann nicht in den Verstand des Einzelnen schauen, was dieser gerade vorhat zu tun. Im Allgemeinen ist es ruhig und es sind nur ein paar wenige die den Menschen in Angst und Schrecken versetzten.

Mehr Polizei bedeutet, dass die Polizei auch etwas zu tun haben will, und sie wird immer einen Sünder finden – und sei es derjenige, der am Stoppschild nicht verkehrsgerecht angehalten hat oder ein Bußgeld bekommt weil er 5 km/h am Ortsausgang zu schnell war. Irgendwann wird man Jagd auf den anständigen Bürger machen, weil es zu wenig Kriminelle gibt.

Oft ist es so, dass wenn in einer ruhigen und geregelten Umgebung plötzlich Polizei auftaucht, man unsicher wird. Jeden zu maßregeln wenn ein kleiner Regelverstoß vorliegt bringt Unmut in die Gesellschaft und rückt die Polizei in ein schlechtes Licht. Wenn jeder Bürger ein vernünftiges Wertesystem im Kopf hat und danach handelt, wird mehr Sicherheit bringen als alle Polizei-Gewalt der Welt!

Recht auf Eigentum – Jeder Mensch sollte die Möglichkeit haben, Eigentum zu erwerben und zwar so viel, wie er selbst in Ordnung halten kann! Ausnahme ist Firmeneigentum, Regierungseigentum und öffentliche Einrichtungen welche von mehreren Personen benutzt werden und somit etwas mehr Organisation bedarf.

Es soll nicht so sein, dass wenn man über uneingeschränkte finanzielle Mittel verfügt, auch uneingeschränkt über Grund und Boden verfügt, es herrscht einfach wieder nur das Recht des Stärkeren. So könnte man auch eine Unzahl von Rechtsanwälten beauftragen, nur um die Gerichte zu beschäftigen um dann irgendwann die Gegenpartei zum Aufgeben zwingen, weil sie die laufenden Kosten der Rechtsvertretung nicht mehr bezahlen kann.

Der Mensch selber möchte etwas haben, und die Dinge die er hat, sollen ihm auch gehören. Wenn Dinge niemandem gehören, wird man feststellen, dass sich niemand darum kümmert und Zustände verwahrlosen. So erwächst aus Eigentum die Verantwortung dieses auch in Ordnung zu halten – Eigentum verpflichtet! Es ist aber auch so, dass man den Menschen für sein Eigentum verantwortlich macht und somit sicherstellt, dass Dinge in Ordnung sind, und dies gilt nicht nur für die direkten Besitztümer, sondern für den Planeten Erde selbst!

Eigentümerschaft ist ein Recht. Jemandem einfach etwas wegzunehmen, oder irgendwie zu veranlassen dass es ihm genommen wird, oder er es aufgrund falscher Information loswerden will, ist Diebstahl. Erst wenn der Eigentümer aus freiem Willen und ohne Zwang oder Manipulation ein Gut* feilbietet* oder es ohne Gegenwert weggeben mag, so kann ein anderer das Gut haben.

Recht auf Freiheit, Privatsphäre, Individualität – Freiheit bedeutet keine oder weniger Barrieren. Dem Menschen selbst wird durch das Leben in einem Rechtsstaat ein Spielfeld mit Verhaltensregeln vorgesetzt, das Gericht ist der Schiedsrichter und entscheidet über richtig* und falsch, bzw. ob ein Regelverstoß vorliegt oder nicht.

Dem Menschen soll aber auch die Möglichkeit gegeben werden sich außerhalb der vom Staat vorgesetzten Regeln bewegen zu können und es gibt abgegrenzte Bereiche mit anderen Spielregeln, wie z. B. ein offizieller Boxkampf, in dem Körperverletzung in Kauf genommen wird, oder offizieller motorsportlicher Wettbewerb, in dem die Überhol- und Geschwindigkeitsvorschriften anders gestaltet sind.

Ebenso hat der Mensch einen Privatbereich in dem er vieles tun und lassen kann, aber ohne öffentliches Ärgernis auf sich zu ziehen, wie z. B. zu laute Musik, von der der Nachbar gestört wird. Der Privatbereich ist ein gesetzlich geschützter Bereich und die Staatsorgane können sich nur dann Zutritt verschaffen, wenn die öffentliche Ordnung gestört wird oder Gefahr droht, und dieser Zutritt erfolgt durch eine richterliche Anordnung, einem Durchsuchungsbefehl – außer wenn Gefahr in Verzug.

Der Mensch soll ein Recht haben sich selbst leben zu dürfen – zumindest außerhalb der Arbeitszeit in der er den zum Job gehörenden Interessen des Arbeitgebers verpflichtet ist. Somit soll der Mensch einen zeitlichen Freiraum haben, indem er sich erholen kann oder um sich seinen Interessen zu widmen. Wenn man sich selbst lebt, sollte man etwas aufpassen, dass man die Realität* seiner Mitmenschen nicht überstrapaziert.

Extreme Eigenarten führen zu Ausgrenzung. Individualismus ist nicht, wenn man sich aus Gruppenzwang oder religiösen oder weltanschaulichen Gründen verpflichtet fühlt, bestimmte Eigenarten anzunehmen. Manche meinen, wenn sie irgendwo irgendetwas abgeguckt haben und dies dann nachahmen, dass dies eine Form des Individualismus sei - wie auch immer. Solange man Dinge aus freiem Willen, ohne Zwang und ohne Manipulation tut, soll es in Ordnung sein.

Der Mensch sollte die Möglichkeit haben, einen neuen abgegrenzten Bereich zu eröffnen, mit eigenen Regeln, wobei sich die dort entwickelnde Gemeinschaft den neuen Regeln bewusst sein muss, um mit diesen übereinzustimmen – eins sollte aber jedem klar sein, wenn die Menschenrechte wie sie hier aufgeführt sind, nicht beachtet werden, dann wird es Ärger geben!

Aber, das Streben nach einem eigenen unabhängigen Staat mit eigenen Regeln und Gesetzen, kann leicht ins Auge gehen. Kein Staat lässt es sich so einfach gefallen ein Stück des Landes und der Bevölkerung abzusondern, auch wenn die Bevölkerung dies möchte – die Rädelsführer werden ruckzuck hinter Gittern gebracht, wie man bei Puigdemont* gesehen hat.

Freiheit wird man nur haben, wenn man stark genug ist und über ausreichend militärische Macht verfügt, um sich die Freiheit zu erkämpfen und auch zu verteidigen!

Recht auf Verteidigung – Der Mensch muss die Möglichkeit haben sich zur Wehr zu setzen, wenn er selbst oder seine Rechte angegriffen werden. Natürlich kann er seine Rechte nur dann verteidigen, wenn er sie kennt! Eine unterdrückerische Umgebung macht den Menschen nicht auf seine Rechte aufmerksam. Sie gibt Parolen* aus wie: „Unwissenheit schützt vor Strafe nicht!"

Recht auf einen fairen Prozess – Nichts bringt in eine Gesellschaft so viel Aufruhr wie Ungerechtigkeit. In den USA kann man regelmäßig Unruhen wegen Polizeigewalt beobachten, wenn ein Farbiger von einem Polizisten erschossen wird und der Polizist schuldlos davonkommt.

Jemanden nur wegen Anschuldigungen zu verurteilen zeugt von keinem Rechtsstaat. Im 17ten Jahrhundert in Salem/USA entfachte ein kleines Mädchen eine Reihe von Tötungen nur weil sie Personen wegen Hexerei beschuldigte. Wenn jemand Anschuldigungen vorbringt, so muss er sie beweisen. Und die Anschuldigungen müssen gegen geltendes Recht verstoßen um eine Ahndung nach sich zu ziehen. Man ist also solange Unschuldig bis die Schuld bewiesen ist.

Jemanden wegen eines Fehlverhaltens zu bestrafen trägt nicht zur Besserung der Person bei. Ich meine, was hat die Person tatsächlich falsch gemacht und unter welchen Umständen, passierte es absichtlich oder aus Unachtsamkeit/Unwissenheit oder wurde der Fehler begangen um einen größeren Schaden/Fehler zu vermeiden? Jedenfalls wird man feststellen, dass wenn die Person etwas vorsätzlich begeht, sie ihre Gründe hatte und wenn man die Person einfach bestraft, so fühlt sie sich von der Gesellschaft verstoßen und sühnt nach Vergeltung, was die nächste Tat motiviert und rechtfertigt.

In einer ungerechten und voreingenommenen Umgebung gibt es ungerechte Handlungen. Wenn man eine gerechte und gebildete Umgebung etabliert hat, welche die Rechte des Menschen beachtet, hat man eine Grundlage am Menschen selbst zu arbeiten, so dass dieser seine Einstellung ändern kann und selbst zu einer gerechten Umgebung beiträgt.

Wenn nun tatsächlich etwas zu Bruch ging, sollte der Verursacher ein Recht auf Wiedergutmachung haben, ohne dass er bestraft wird. Und wenn er die Sache wieder gut gemacht hat, so soll ihm sein Handeln verziehen sein. Was nutzt Rache und Vergeltung? Diese bringen nur weitere Rache und weitere Vergeltung hervor, nur dass der Mensch irgendeine Art Genugtuung empfindet. Jeder Schaden ist ein Schaden und auf lange Sicht gesehen hat jeder Einzelne ein Nachsehen.

Recht auf Hilfe – Der Mensch sollte sich gegenseitig helfen. Es sollte ein ausgeglichenes Geben und Nehmen sein, und wenn man dem Anderen in absehbarer Zeit nicht angemessen zurückhelfen kann, so muss man ihn entlohnen – es sei denn der Helfer entbindet von der Pflicht oder es gab eine unabwendbare Notlage. Es soll nicht so sein, dass sich derjenige mit dem dicksten Geldbeutel die meiste Hilfe kaufen kann. Zudem möchte der Staat an den gelieferten Leistungen und Produkten durch Besteuerung verdienen, Dinge werden teurer, und manchmal so teuer, dass wenn man jemandem durch ein Produkt oder Dienstleistung „hilft", sich dieser über's Ohr gehauen fühlt!

Geld und die ungebremste Anhäufung kapitaler Mittel im Privatbereich lässt eine Zweiklassen-Gesellschaft entstehen, mit Menschen mit sehr viel Geld und Menschen mit wenig. Geld selbst ist ein vom Staat zur Verfügung gestelltes Zahlungsmittel und der Staat selbst sollte für eine gerechte Verteilung beitragen. In der Vergangenheit hat sich gezeigt, dass wenn die sozialen Unterschiede zu groß wurden, dass Unzufriedenheit aufkam und sich die benachteiligten Bürger zur Wehr setzten – dem kann man vorbeugen!

Recht auf Religion – Ich spreche hier nicht von einem Kult* oder einem aus Satzungen bestehenden Glaubenssystem welches dazu dient eine fiktive* Gottheit zu besänftigen, nicht den Groll dieser Gottheit auf sich zu ziehen, um nach dem Ableben in irgendeinem fiktiven Himmel einzugehen, um dort ein himmlisches Dasein zu führen – das ist Aberglaube!

Wie viel Handlungsfreiheit hat man, wenn man sich einem unverwerflichen Glaubenssystem unterwirft, welches mittelalterliche Werte vertritt? Es nagelt den Menschen in dieser Zeit fest und lässt keinen Fortschritt zu! Regeln sollten zu bestmöglichem Überleben führen, dafür müssen die Regeln selbst flexibel sein, weil sich der Mensch verändert, weil der Mensch die Umgebung verändert und in dieser Umgebung leben will - Rechte verändern sich, wenn sich der Mensch und die Umgebung sich verändern!

Jeder soll aus freien Stücken entscheiden können, ob er sich solch einem Glaubenssystem unterwirft oder nicht. Zumindest sollte es in den allgemeinbildenden Schulen einen neutralen „Religionsunterricht" geben, in welchem die Glaubensbekenntnisse und Ziele der Religionen erörtert werden, und nicht, dass einem eine Religion vorgesetzt wird, wie es derzeit geschieht – man sollte eine Religion frei wählen können, nachdem man sie kennt.

Religion sollte dazu dienen dem Menschen seine Spiritualität und seine Bruderschaft mit diesem Universum erkennen zu lassen. Sie sollte ihm zeigen, dass er getrennt von Materie existieren kann und Wissen und Techniken bereitstellen um dies auch zu erreichen. Sie sollte ihm zeigen, was diese Bruderschaft bedeutet und wie er in Wechselbeziehung zu all den Teilen der Welt und diesem Universum steht.

Eine Religion ist dann als Religion vertretbar, wenn sie im Einklang mit den Gesetzten des Staates steht und des Staates Gesetz im Einklang mit den Rechten des Menschen. Wenn diese Dinge im Widerspruch stehen, wird es Probleme geben – und wir sehen eine Welt wie sie jetzt ist!

Die Person selbst, welche die Lebenskraft ist, sollte das Recht haben, Materie zu beleben oder auch nicht. Es gibt Umstände durch die der Körper so stark in Mitleidenschaft gezogen ist, dass der Person das Dasein in diesem Körper als nicht mehr lebenswürdig erscheint. Wenn die Person diese Entscheidung fällt, so soll sie das Recht haben, sich von diesem Körper zu trennen.

Die Pflicht* die sich aus den obigen Rechten ergibt, damit diese Rechte Gültigkeit erlangen und umgesetzt werden, von jedem Einzelnen. Der Mensch spricht immer freimütig von den Rechten die ihm beim Zusammenleben mit seinen Mitmenschen zustehen. Aber dieses Zusammenleben bringt neben den Rechten auch Pflichten mit sich - das Eingehen jeglicher Verbindung hat ein Geben und ein Nehmen.

Anstatt sich auf seine Rechte zu konzentrieren, sollte man sich vor allem auch Gedanken darüber machen, was man für diese Gesellschaft tun kann, damit diese Gesellschaft als Gesellschaft funktionieren kann. Und diese Gesellschaft funktioniert auch nur dann, wenn man etwas zur Gesellschaft beiträgt. Man könnte also das Wort Recht zu Beginn jedes Paragraphen mit dem Wort Pflicht ersetzen. Schau, wenn sich jeder dazu verpflichtet fühlte die obigen Rechte umzusetzen und dies auch aktiv tun würde, was würde einem glücklichen Dasein entgegenstehen?

Somit ein Aufruf an den Leser: Sei ein Vorbild und gebe ein Beispiel, indem du dieses Schriftstück in die Tat umsetzt. Und wenn du auch andere dazu ermutigst, werden die „Menschenrechte und Pflichten", bald Realität sein.

Nachwort

Man kann nur dann etwas Schlechtes erkennen, wenn man weiß wie es besser ist. Wenn man das Bessere kennt, kann man danach streben, wenn man es will!

Ein gemeinsames Zusammensein bedarf gemeinsamer Gedanken, es bedarf einer Grundlage mit der der Einzelne in der Gemeinschaft übereinstimmen kann, die er für gut heißt und für die er einsteht! Gleiches Recht und gleiche Pflicht für alle, ohne Ausnahme!

Glossar

Ahndung: Bestrafung.

Befugnis: Berechtigung etwas zu tun.

Chlor, Fluorid: Chemische Substanzen die in verschiedenen Ländern dem Trinkwasser in geringer Konzentration zugesetzt werden. Chlor zur Desinfektion und Fluorid zur Karies-Vorbeugung – beide Maßnahmen zeigen Nebenwirkungen.

Dekret: Verordnung durch eine Behörde.

Delinquent: Übeltäter.

depressiv: Zustand des Menschen mit Niedergeschlagenheit, Antriebslosigkeit.

Eldorado: Gebiet, das hervorragende Entfaltungsmöglichkeiten bietet.

extrinsisch: von außen her; Gegenteil von intrinsisch, also von innen kommend.

Faktor: beeinflussende Größe.

feilbieten: zum Kauf anbieten.

fiktiv: erfunden.

Geld ist durch eine Regierung legitimiertes Tauschmittel. Die Regierung bringt Geld in Umlauf und bestimmt durch Gesetze wer wie viel hat, z. B. Einkommenssteuer, Mindestlohn, Mietpreisbremse usw.. Das Geld wird knapp gehalten, damit es wertbeständig ist. Die Armen bleiben arm, der Arbeiter wird „hungrig" gehalten damit er immer arbeiten muss und weil die Mehrzahl der Menschen im Staat wenig Geld haben, können sie nicht viel Geld ausgeben, was die Preise auf einem niedrigen Niveau hält.

Gut: Besitz, der einen materiellen oder geistigen Wert darstellt.

Ideologie: (a) Weltanschauung; (b) theoretische Grundlage die zum Erreichen bestimmter Ziele dient.

Indogermanisch: ca. 4.000 v.Chr. entstandene Ursprache von der die meisten Sprachen der Erde abstammen.

Insektizide, Pestizide, Fungizide, Herbizide: Bekämpfungsmittel gegen Insekten, Keime, Pilze oder Unkraut. Diese Mittel töten Leben und bei starker Konzentration auch den Menschen!

Inversion: Umkehrung; z. B. etwas Gutes wird zu etwas Schlechtem.

Kasperle-Theater: eigentlich ein Bühnenspiel mit Handpuppen in dem ein munterer Held das Böse besiegt.

Kult: übertriebene Verehrung, die jemandem, einer Sache zuteil wird.

Manier, aufreißerische: Manier bezeichnet eine Art und Weise. Eine aufreißerische Manier ist eine Handlungsweise, welche auf eine besonders große Wirkung abzielt.

Manipulation: Durch bewusste Beeinflussung in eine bestimmte Richtung lenken.

Nahrungsmittel: Es werden Gesetze erlassen um die Produktion der Nahrungsmittel zu verringern. Französische Bauern vernichten Nahrungsmittel um die Preise stabil zu halten! Es liegt also nicht an irgendeiner Knappheit, was Ressourcen und

Produktion anbelangt, es liegt lediglich an einer fehlgeleiteten Politik, welche aufgrund eines fehlenden Managements nicht in der Lage ist, die produzierten Güter im Land gerecht zu verteilen, nur um den Wert des Geldes stabil zu halten, die Armen ärmer zu machen und die Reichen reicher!

Orakel: Weissagung.

Parole: In einem Satz formulierte Vorstellung, Zielsetzung.

Pflicht: [aus althochdeutsch pflegan = für etwas einstehen, sich für etwas einsetzen] Aufgabe, Verhaltensweise, die einem zukommen beim Eingehen einer Verbindung oder Teilnahme an etwas; z. B. Pflichten als Staatsbürger, Ehepartner, Arbeitnehmer, usw.. Erledigt man seine Pflichten nicht angemessen, so wird man von der Teilnahme ausgeschlossen!

Puigdemont, Carles: Politiker der sich für die katalanische Unabhängigkeit von Spanien einsetzte.

Rationalisierung: Das wirtschaftlichere Gestalten von Arbeitsabläufen. Es werden also immer effektivere Maschinen eingesetzt um menschliche Arbeitskräfte einzusparen, wo früher 100 Arbeiter an einer Produktionsstraße gearbeitet haben, machen das heute ein Roboter und zwei spezialisierte Fachkräfte. Ein Computer ersetzt eine Vielzahl von Verwaltungsangestellten. Der Mensch rationalisiert sich selber weg, wo doch die Maschinen dafür gedacht sind, dem Menschen die Arbeit zu erleichtern. Wenn der Mensch mit Geld sein Leben finanzieren soll, so muss er auch die Möglichkeit haben, Geld zu verdienen!

Realität: Grad an Übereinstimmung der Allgemeinheit, was festlegt, was „normal" ist.

revidieren: überarbeitete Ausgabe.

richtig und falsch: Dies ist eine Sache der Vernunft, also: Das Tun oder Unterlassen von Handlungen, die dir und deinen Symbionten auch in Zukunft mehr Vorteile als Nachteile bringen.

sühnen: (a) ein begangenes Unrecht bestrafen; (b) die Strafe für ein begangenes Unrecht auf sich nehmen.

Symbiont: Teil einer Symbiose. Symbiose ist das miteinander Existieren zum gegenseitigen Nutzen.

Tarot-Karten: Karten zur Weissagung, Bestimmung der Zukunft.

Tatbestand: alle Informationen die zu einer Handlung oder Begebenheit führen oder damit zusammenhängen.

Umgebung, barbarische: 1791 verabschiedete der amerikanische Kongress die „Bill of Rights", die 10 Zusatzartikel zur Verfassung der Vereinigten Staaten, welche dem Bürger unveräußerliche Grundrechte zusicherte. Die „Bill of Rights" wurde im Geiste eines umkämpften Landes geboren und gestattete den Bürgern das Tragen von Waffen, da noch immer Kämpfe ausgetragen wurden. Heute, im 21ten Jahrhundert sind die einstigen Kämpfe ausgefochten, doch hat der Bürger noch immer das Recht auf Waffen. Es ist fraglich ob man sich als Bürger mit eigener Schusswaffe sicherer fühlen kann, da die Mitbürger auch Waffen haben. Ebenso ist die Macht der Polizei stark eingeschränkt, da sie sich im Falle einer Auseinandersetzung auf gefährliche Gegenwehr einstellen muss. Der Polizist im Einsatz in gefährlichen Gegenden muss jeden Tag um sein Leben fürchten. Was einst dem Bürger zum Schutz angedacht war, gereicht ihm heute zum Nachteil!

Verarmen der Gesellschaft: Unter Minderjährigen ist Armut weit verbreitet. 3,7 Millionen Kinder und Jugendliche in Deutschland sind laut Jugendhilfe abgehängt. 3,7 Millionen Rentner leben in Deutschland mit einer gesetzlichen Rente von unter 300 Euro im Monat. Sechs Millionen Rentner erhalten eine bis zu 500 Euro. 13 Millionen Senioren, rund 72 Prozent, erhielten 2012 eine Rente von bis zu 1.000 Euro im Monat. In Deutschland gilt per dieser Definition als arm, wer als Single weniger als 917 Euro netto verdient.

Zeitgeist: Typische Geisteshaltung, Einstellung, Denkweise für eine bestimmte Epoche.

Quellen:

http://www.spiegel.de/panorama/gesellschaft/kinderarmut-mehr-als-jeder-vierte-minderjaehrige-laut-jugendhilfe-ausgegrenzt-a-1139624.html.
https://de.wikipedia.org/wiki/Gesetzliche_Rentenversicherung_(Deutschland)
http://www.zeit.de/wirtschaft/2017-03/armutsbericht-2017-deutschland-paritaetischer-wohlfahrtsverband-faq
http://www.focus.de/politik/ausland/katalonien-konflikt-im-news-ticker-puigdemont-erscheint-nicht-in-spanien-vor-gericht_id_7791691.html

Über den Autor

Wolfgang Fries, am 16.01.1966 in St.Wendel/ Saarland geboren. Ich hatte eine reguläre Schulausbildung bis zur mittleren Reife. War Zeitsoldat bei der Bundeswehr, bis ich 1994 ins Handwerk kam.

Im Handwerk zu arbeiten war für mich eine Bereicherung im Leben. Ich konnte gut gesellschaftliche Kontakte knüpfen und war nach getaner Arbeit immer noch gerne gesehen. Es schlossen sich einige Freundschaften und ich fühlte eine soziale Verbundenheit mit meinen Mitmenschen.

Leider musste ich dieses schöne Handwerk aufgeben. Sowie es aussieht können schlechte Dinge auch ihr Gutes haben. Würde ich nicht im Rollstuhl sitzen, hätte ich dies hier wahrscheinlich nie geschrieben. Bei einem verhängnisvollen Unfall mit dem Motorrad brach ich mir die Wirbelsäule und bin seit dem irreparabel querschnittsgelähmt.

Doch es gibt etwas im Leben, was man kennen sollte: **Das Leben selbst.** Bei all der Arbeit die man tut, all dem Spaß den man hat, sollte man dies nie vergessen.

So bin ich nun hingegangen und habe alles aufgeschrieben. Ich selbst sehe es als meine Verantwortung meinen Mitmenschen gegenüber, da keiner zu mir kam, um mir die Dinge so zu erklären, dass ich sie verstehen konnte.

Ich hoffe für den Leser, dass er durch das Wissen in diesem Buch bessere Maßstäbe für das Leben hat, um im Leben besser zu entscheiden, um ein besseres Leben leben zu können, für sich selbst und seine Symbionten!

Philosophie des Lebens - Das Buch der Grundlagen -

Was sind die Grundlagen des Daseins? Welche Geisteshaltung bedarf es in der heutigen Zeit um im Leben bestehen zu können, um Glück und Wohlergehen zu erfahren? Was ist wichtig zu wissen?

Der Mensch selbst, als denkendes Wesen ist der Ansicht, dass seine mächtigste Waffe der Verstand ist. Aufgrund seiner Fähigkeit zu denken hat er sich die Erde zum Untertan gemacht. Und tatsächlich, das Denken bestimmt das Handeln des Menschen, der Mensch ist nur so stabil wie sein Gedanke.

Der Gedanke selbst fußt auf Grundlagen die bestimmend dazu sind, wie man überlebt. So versucht der Mensch sich selbst, sein Denken und Handeln, die Welt um sich herum zu verstehen.

Verstehen: Was ist wichtiger als Verstehen selbst?

Grundlagen komprimiert verpackt, in kurzen Texten dargestellt. Mehr als 200 Essays führen den Leser zu mehr Verstehen im Leben und über das Leben selbst, sei es nun über den Menschen, das Denken, Glücklichsein, Beziehung, Lernen, Beruf, den Ursprung von Krankheiten, gesellschaftliches Dasein, Religion, Politik oder Freiheit.

Die Probleme des Menschen werden von der Ursache her geschildert und Lösungen angeboten. Es macht einen Unterschied dieses Wissen zu haben und sich dadurch selbst zu helfen.

„Philosophie des Lebens – Das Buch der Grundlagen" ist der Gesamt-Band welcher die Bücher „Meine Philosophie", „Lernen wie man lernt, lernen wie man versteht", „Eine glückliche Beziehung führen", „Rückführung – Einführung und Kurzanleitung" und ehemals „Im Leben bestehen – Die Bibel des 21sten Jahrhunderts" in einem Buch vereint.

Als Taschenbuch oder als Bibliotheken-Ausgabe im extra stabilen Hardcover-Format und Fadenbindung herausgegeben. Der Gesamtband bestehend aus fünf Teilen: Meine Philosophie; Lernen wie man lernt, lernen wie man versteht; Eine glückliche Beziehung führen; Verstehen: Der Band aus einzelnen Werken; Rückführung – Einführung und Kurzanleitung.

Philosophie des Lebens - Das Buch der Grundlagen -; 656 Seiten, 2017.

ISBN: **978-3-7357-8561-9** - Hardcover
ISBN: **978-3-7460-2923-8** - Taschenbuch